DE L'INSTRUCTION

DANS L'ARMÉE,

ET DES

MOYENS DE L'Y RÉPANDRE.

> On façonne les plantes par la culture, et les hommes par l'éducation.
>
> Proposez ce qui est faisible, ne cesse-t-on de répéter; c'est comme si l'on disait: Proposez de faire ce que l'on fait.
>
> ROUSSEAU, *Emile.*

Paris,

Chez { ANSELIN, rue Dauphine, n° 9;
DENTU, Palais-Royal, galerie de bois.
BRÉAUTÉ, passage Choiseul, n° 62;

1828.

Ce n'est qu'après avoir mis un peu d'ordre dans mes idées et dans mes réflexions sur quelques points de notre existence militaire, considérée dans ses rapports avec l'état de la société, que je me hasarde à les publier aujourd'hui. S'il fallait cependant en former un tout, parfaitement combiné dans ses détails et satisfaisant par son ensemble; s'il fallait que la lecture de quelques pages, pour ainsi dire improvisées, dût éclairer la conviction de ceux qui ne peuvent voir du métier que les apparences; s'il fallait, enfin, que mon ouvrage servît seul à diriger les vues réparatrices d'un pouvoir supérieur à tous les intérêts, et dans lequel l'armée voit reposer toutes ses espérances, je renoncerais à écrire, et laisserais à d'autres, plus habiles, le soin de porter la lumière là où je serais trop heureux d'avoir pu seulement arrêter quelques instants l'attention.

Dans un ouvrage qui vient de paraître sur l'armée, l'auteur, plein d'amour pour la vérité, a considéré l'ensemble de ce vaste corps; il a beaucoup parlé de la position relative des officiers et des soldats, il a indiqué des améliorations remarquables, et a traité ce sujet dans toute son étendue. Pour la première fois, peut-être, nous avons eu un interprète de nos besoins, qui a dont chacun sent de plus en plus l'utilité ; si, quand tout le monde marche, il est une classe de la société qui reste en arrière des autres, elle se trouvera nécessairement moins bien partagée sous le rapport de la considération, à moins que des avantages d'argent ou bien des distinctions honorifiques ne viennent la relever, et compenser aux yeux du monde, par l'éclat extérieur, le manque de qualités réelles et inhérentes.

Quand l'aristocratie seule occupait tous les emplois de l'armée, quand tous les genres de distinction lui étaient prodigués, ou semblaient n'avoir d'éclat que celui qu'ils tiraient des armes, on pouvait porter envie à ceux qui jouissaient des prérogatives de cette carrière et désirer l'embrasser.

Mais aujourd'hui, la forme du gouvernement s'oppose à ce qu'une classe soit plus favorisée ou plus caressée que les autres. L'armée rachetera-t-elle avec l'argent ce que la vanité ne peut lui prêter de lustre? La fortune de l'état ne suffirait pas pour lui donner le vernis de la richesse ; et, quelles que soient les améliorations que l'on pourrait adopter pour satisfaire à nos besoins, nous devons renoncer à l'égalité des jouissances que la fortune peut procurer dans les rangs de la société où les officiers sont ou devraient être appelés à vivre. L'armée doit donc chercher en elle les ressources qui la relèveront aux yeux de tous. C'est à elle à les développer pour parvenir à son but.

Sans doute, l'admirable discipline qui règne dans les corps, l'accomplissement de tous les devoirs, les travaux, la gloire de nos vétérans sont, pour la masse, des titres à l'estime et à la considération générale. Mais vivons-nous isolés? Dans le commerce habituel de la vie, dans le détail de notre existence, les actions, les mérites inconnus ne suffisent pas. Les hommes ne se jugent point seulement d'après ce que chacun fait ou a pu faire dans la carrière particulière qu'il a embrassée, mais on se recherche, on se mesure, on s'estime aussi pour les connaissances et les moyens que l'on peut développer en certaines occasions communes à tous, et à toutes les carrières. Les différentes classes réunies forment la société; et celle qui n'apportera que ses mérites, que ses talents restreints dans le cercle de sa seule profession, sera regardée comme inférieure aux autres. C'est cette infériorité pour l'armée que je crains de voir augmenter tous les jours, et qu'il faut prévenir ou arrêter. Pour la nier, cette infériorité, aujourd'hui peu marquée, quoique sensible, il faudrait ne pas avoir réfléchi sur le recrutement, sur la généralité du remplacement, sur le défaut d'instruction et sur la composition de la masse.

Et tout ce que je dis ici a rapport à cette masse : car je sais fort bien que le génie et l'artillerie, où, à quelques exceptions près, l'avancement marche avec l'instruction et le mérite, ne doivent pas encourir les mêmes reproches. Aussi prendrai-je pour exemple et pour point de mire la considération générale qui est dévolue à ces deux armes. Partout les officiers, les sous-officiers, les soldats sont traités avec préférence. Mais sont-ils plus que nous dévoués au service du roi et de la patrie, sont-ils plus exposés au jour du danger, reçoivent-ils plus de distinctions honorables, ou bien leur solde est-elle tellement supérieure que, dans un siècle d'argent, la fortune les fasse citer et distinguer de préférence à d'autres? Non, le roi et le trésor les traitent comme nos frères d'armes. Mais tous marchent avec le siècle ; le monde les trouve toujours à sa hauteur ; la richesse, les honneurs ne peuvent leur faire porter envie, mais aucun des membres de ces corps ne le cède à ceux des autres classes dans les rapports ordinaires de la vie.

Quelle différence en revenant sur nous-mêmes, et combien notre état moins brillant tend à perdre encore. Cependant, quel avantage ne résulterait-il pas pour l'état, si le soldat était associé à ce développement progressif d'intelligence, que faciliterait la civilisation plus avancée des villes. De même que l'ouvrier améliore dans les cités populeuses ses grossiers procédés de fabrication, le soldat recevrait le bienfait du développement de ses facultés intellectuelles améliorées ; elles lui feraient un jour manier avec moins de routine, grâce aux progrès de sa raison et à la culture de son esprit, le soc de la charrue que la voix de la patrie lui avait fait quitter pour le maniement de la baïonnette.

Un sobriquet donné au conscrit, sobriquet devenu malheureusement proverbial, sert à le désigner d'abord à son entrée au service. Plus tard, quand il a perdu ce qu'il avait apporté de bon de la campagne, sa bonhomie, qu'a-t-il appris en échange? à boire et à fumer. Cependant il va devenir sous-officier. Vivant alors au milieu de classes plus aisées, souvent embarrassé, pour ne pas dire toujours, s'il ne parle point de sa vie militaire, déjà il commence à sentir l'infériorité qui l'écrasera plus tard, lorsque, ayant acquis par ses services le droit de porter l'épaulette, il devra vivre dans une classe plus relevée, plus distinguée encore, et plus à même de sentir toutes les nuances de la vie sociale. La modicité de sa solde ne lui permettra pas le luxe de la société; son manque d'éducation empêchera les liaisons de s'établir. En s'éloignant lui-même, il finira par être éloigné par la force de l'habitude; et quelques individus voudraient en vain réparer un mal attaché à toute une classe. A quoi aura tenu cette cessation de rapports avec la société? au manque d'éducation. On n'apprend pas à lire dans des théories ou dans des ordres, ni à vivre dans des cafés ou dans des corps-de-garde. L'étude, l'instruction seules peuvent empêcher de prendre les mauvaises habitudes, disposer aux bonnes, et seules elles peuvent, en donnant de bons sous-officiers, préparer de bons officiers qui seront sortis des rangs de nos soldats.

Le temps est passé où l'avide conscription rassemblait tous les talents, tous les mérites, et où il n'y avait qu'à choisir. Aujourd'hui on cherche fortune ailleurs, et l'armée ne reçoit presque dans ses rangs que ceux qui ne peuvent s'exempter du service. Rendons-les donc, autant que possible, propres à en occuper tous les emplois. Peut être objectera-t-on que le soldat ne peut et ne doit pas même être instruit; que mille raisons s'y opposent? Je les prévois toutes, elles ont été répétées cent fois (1). Mais la loi dit que tout soldat

---

(1) Je ne croyais pas, en rédigeant le court exposé des besoins de l'armée, sous le rapport de l'intruction, avoir à combattre une opinion diamétralement opposée à la mienne; cependant, je dois en dire quelques mots.

Que l'on s'oppose au développement des connaissances du soldat, que l'on veuille borner celle des sous-officiers; je le conçois. Ces idées rentrent dans une opinion politique, et par cela même je ne dois pas m'en occuper. Mais croire que parceque des officiers subalternes sauront plus que leur métier, ils en sauront moins bien leur métier; c'est une idée qui, si elle était vraie, me ferait regarder notre condition comme bien à plaindre. Privés de l'avancement rapide que les circonstances heureuses pour la France ne nous permettent pas d'obtenir, nous servons avec patience. Mais devons-nous vivre toujours dans ces grades inférieurs, comme si nous ne devions y passer que quelque temps? Devons-nous attendre que nous ayons à commander autre chose que les *à-droite* et les *à-gauche*; pour nous occuper

peut devenir officier. Celui-ci doit nécessairement se trouver l'égal de ceux avec qui il doit vivre. Donnez donc au soldat le moyen de ne pas se trouver déplacé là où plus tard il sera appelé à paraître. Car ce n'est pas seulement pour obtenir de bons sous-officiers que l'on doit instruire les soldats. La carrière est longue et ouverte à tous. En les mettant à même de mesurer leur route sur leurs forces, on excitera de plus en plus une noble émulation, on formera un plus grand nombre de sujets pour le choix, et en faisant le bien des individus, on n'en fera pas moins le bien du service.

Peut être trouvera-t-on le tableau que j'ai tracé d'une teinte un peu sombre; mais je parle d'après ce qui est. Tout le monde convient de la généralité du remplacement, de l'insuffisance du rengagement, de la nullité de l'instruction. Voilà mes preuves tirées de l'opinion générale. Voilà le mal à sa racine; je l'ai suivi dans ses progrès.

On peut considérer les officiers dans l'état ac-

---

d'autres chose? Devons-nous pour cette instruction si difficile, membres inutiles d'une société dont nous ne connaîtrions plus même les usages, nous en retirer, et attendre que nous soyons recherchés, comme tant d'autres, seulement pour nos grades? Je ne le crois pas; et ne serait-ce que comme passe-temps et moyen d'étourdir cette ambition dont on se plaint tant chez nous, la culture et le développement de nos connaissances me paraissent nécessaires.

tuel comme divisés en trois classes. Les élèves des écoles militaires, les sous-officiers promus officiers, et les officiers entrés au service avant la loi, qui ne laisse plus que deux voies ouvertes pour parvenir à porter l'épaulette. On verra que ces derniers diminuent tous les jours et ne se recrutent point. Ils avaient apporté au service des connaissances, de l'instruction, ou au moins une éducation de collége. Pour les remplacer, on ne saurait trop multiplier les élèves des écoles militaires, sans détruire de plus en plus l'émulation, en diminuant les chances d'avancement parmi les sous-officiers. On ne pourrait d'ailleurs, sans détruire la considération que nous voulons attacher au grade d'officier, le prodiguer à ceux que leur ignorance et leur isolement, au milieu de la civilisation, placeraient souvent dans une position désavantageuse. On verra si ce que j'ai dit est menaçant, si déjà on ne commence pas à en ressentir dans les corps les funestes influences, et s'il n'est pas urgent d'y porter remède.

Sans doute, une école gratuite de sous-officiers serait d'un grand avantage pour remédier à ce mal qui doit tant nous effrayer; mais j'y vois de suite une grande augmentation de dépenses, car là aussi on s'empressera de composer un état-major nombreux, et largement rétribué. J'y vois la privation de sujets utiles aux corps dont ils seront détachés, ou bien un surcroît de sujets étrangers qui viendront occuper les places vacantes dans les régiments. J'y vois un privilége accordé plutôt à certains individus qu'à d'autres. J'y vois l'inconvénient du petit nombre, et enfin l'exclusion de l'école de ceux qui, étant au service, ne veulent pas y passer leur vie, mais profiteraient volontiers d'une éducation, d'une instruction nouvelle que l'on mettrait à leur portée. Dans une école régimentaire, telle qu'on pourrait, je crois, l'établir, chaque soldat, moyennant sa bonne volonté, son exactitude et sa bonne conduite trouverait une source à laquelle il pourrait puiser des connaissances utiles. A sa sortie de la carrière, sollicitant quelque emploi en concurrence avec d'autres candidats, on ne pourrait plus lui opposer le temps qu'il aurait passé au service comme un temps de paresse et d'oisiveté. Ses fatigues, ses travaux, seraient un titre de plus en sa faveur, quand on saurait qu'il peut se rendre utile autrement que par le sabre, et qu'il ne le cède en rien à ses concurrents.

Les avantages de cette école, qui assureront à ceux qui en suivront les cours des chances certaines d'avancement, pourront aussi bien que l'école de sous-officiers proposée engager au service ces jeunes gens de la classe moyenne dont parlent les partisans de cette formation; et quand ils ne le feraient pas, ils contribueront à améliorer ce qui est. Voilà le but que nous nous proposons.

ÉCOLES RÉGIMENTAIRES.

Enseignement mutuel. — Choix des instructeurs. Cours proposé. — Dispositions générales.

La nécessité de l'instruction à répandre dans l'armée une fois reconnue, il ne sera pas aussi facile qu'on pourrait le croire de passer du principe à l'application, et de mettre en pratique en détail ce que l'on a reconnu avantageux en théorie. Cependant, sans perdre de vue les obstacles que nous aurons à surmonter dans notre route, nous essaierons de partager le temps que les exercices militaires laissent vacant, de manière à obtenir les résultats les plus favorables.

Des écoles régimentaires d'enseignement mutuel existent ou ont existé dans tous ou presque tous les régiments de l'armée. Leur rétablissement ou les encouragements à celles qui existent encore, voilà notre premier pas ; mais comme pour parvenir au but désiré il faudra des résultats, je crois que quelque chose de plus solide, de mieux constitué, peut être établi, ce qui est n'étant le plus souvent qu'un objet de parade, une salle de plus à montrer à un inspecteur général ou à un ministre qui semble vouloir apercevoir les détails.

Si une méthode plus prompte que l'enseignement mutuel pouvait être mise en usage, il faudrait lui donner la préférence. Ici l'on n'a pas à instruire des enfants dont ensuite on ne sait que faire : nos moments sont comptés ; ils sont précieux. La méthode la plus claire, la plus brève, est la meilleure et doit être adoptée. Il est nécessaire, avant tout, que le soldat sache lire, écrire et compter. Beaucoup s'en tiendront là, beaucoup borneront là leur ambition de savoir : on leur aura procuré du moins de quoi la satisfaire. Après avoir consacré deux ans à cette première partie de l'instruction, temps qui peut paraître un peu long, mais que l'expérience prouve n'être pas exagéré, avec tous les détails de service qui accablent nos élèves, passons à la formation de cette école, qu'aucun régiment n'a possédée jusqu'ici, et qui devient de plus en plus nécessaire. Il ne faut pas se faire illusion, nos élèves sauront tous lire dans une Théorie, ils feront un rapport tant bien que mal ; mais à peine sauront-ils lire un ordre d'un ton convenable, ou tenir un livre d'ordinaire.

Plusieurs tentatives heureuses ont été faites dans différents corps : le temps et l'expérience confirmeront sans doute les résultats obtenus. Mais ces efforts partiels et cette impulsion locale ne suffisent pas : la masse entière doit être ébranlée, et le bien général ne peut résulter que du mouvement général.

Lorsque, après avoir passé trois ans au corps, un soldat aura acquis ces premières notions, qu'il soit devenu sous-officier ou caporal, ou qu'il soit resté dans le rang, il pourra se décider et juger s'il se sent capable de pousser plus loin. L'ambition de chacun mesurera la carrière. A plus forte raison, celui qui sera entré au service avec une instruction première pourra-t-il l'étendre davantage. Les encouragements des officiers chargés de la première classe, la perspective du commencement d'avancement, exciteront l'émulation, et le désir de s'occuper, le besoin d'apprendre quelque chose, contribueront encore à faire obtenir de nombreux élèves.

C'est nécessairement parmi les officiers des corps que nous chercherons les maîtres dont nous avons besoin, et ce que l'état aura fait pour les officiers sortis des écoles militaires, ceux-ci devront le rendre en partie aux soldats des corps auxquels ils appartiennent. On trouve certainement aujourd'hui un grand nombre d'autres officiers du plus grand mérite et propres sans doute à cette tâche difficile. Mais je parle de l'avenir, et on ne doit pas oublier la division que nous avons établie parmi nous. Ne sera-ce pas un sujet d'émulation parmi des jeunes gens sortis des écoles que la mission d'avoir à instruire plus tard les soldats de leurs régiments ? N'auront-ils pas honte, ceux qui souvent n'apporteraient que leur titre d'élève de l'École Militaire sans l'instruction qu'ils auraient dû y acquérir? et beaucoup, en trouvant à en faire usage, n'éviteraient-ils pas de perdre le fruit de leurs études, ne prendraient-ils pas de plus en plus le goût du travail, et ne se laisseraient-ils pas bien moins aller à ces habitudes que l'on a décorées du nom de militaires, mais qui réellement ne sont pas une partie bien nécessaire de notre état? Je sais bien que des plaisanteries seront d'abord dirigées contre ces maîtres de nouvelle fabrique; mais la protection, les encouragements des chefs, l'amour propre mis en jeu, la perspective de l'avancement que des services dans ce genre pourront faire obtenir, serviront bien de contre-poids, et l'on trouverait facilement dans un corps plus de quatre officiers, nombre à peu près nécessaire pour l'établissement de l'école proposée. Pour les choisir, les colonels seront guidés naturellement par les notes apportées de l'école, et l'élève studieux et capable voyant sa supériorité dépasser les murs de Saint-Cyr, les autres voyant un moyen de se distinguer après leurs deux années d'apprentissage, tous sentiront qu'il ne faut pas traiter leurs études aussi légèrement qu'on le fait souvent, et qu'il faut avoir plus qu'un numéro de sortie. Ainsi l'existence des écoles régimentaires sera liée à celle de Saint-Cyr, et nous verrons plus tard comment on pourrait obtenir qu'elles se portassent une consolidation mutuelle.

Les élèves des deux premières années ayant appris à lire, à écrire, et la pratique des quatre premières règles de l'arithmétique, on devra d'abord leur démontrer avec plus de raisonnement et leur bien faire comprendre l'usage des fractions et le système décimal. Cet enseignement sera long et difficile. Ils devront *comprendre* : ce mot indique assez le soin qu'exigera de l'instructeur l'enseignement qu'on attend de lui. Mais il faut songer que les facultés intellectuelles auront été développées par un premier exercice, que les négligents se seront retirés, que de nouveaux élèves entrés au service avec des notions premières seront venus remplir les vides, et qu'enfin les moins intelligents pourront doubler cette première année d'études un peu plus sérieuses que la théorie qu'ils ont appris à ânonner. En même temps que le raisonnement commencera à être exercé, la mémoire des élèves devra l'être aussi, et la géographie physique et politique sera mise sous leurs yeux pendant qu'en leur démontrant les règles de la grammaire on les habituera à lire correctement, à copier sous la dictée, ce qu'on est loin de savoir bien faire aujourd'hui parmi nos fourriers. Tous les jours les ordres les mieux faits sont dénaturés à la parade. Croit-on que, parce qu'un sous-officier apprendrait la valeur des mots, il connaîtrait moins celle des chiffres, et que la feuille de journée, grand écueil du métier, en serait moins bien faite? Non sans doute. La routine serait éclairée, et voilà tout.

Après cette première année, dont les difficultés retarderont la marche de beaucoup d'élèves, les plus avancés passeront à une classe plus élevée.

Ici l'histoire leur servira d'application pour la grammaire et la géographie. Celle de la France, à laquelle se rattachent toutes les autres histoires modernes, obtiendra seule quelques détails. Les noms des peuples anciens, la connaissance de leur position géographique, suffiront pour exciter la curiosité; et plus tard, chacun pourra lire avec intérêt ce qu'il sera à même de comprendre. Comment en effet vouloir que, dans l'état actuel, nos sous-officiers et ceux des soldats qui savent lire prennent plaisir à feuilleter autre chose que des romans? Si l'on réfléchit que l'histoire est pour eux vide des attraits, des émotions que la connaissance des temps, des lieux, des époques, fait seule bien sentir, on ne sera plus surpris que le récit de faits étonnants, de scènes fabuleuses et extraordinaires, qui se passent dans des lieux dont il n'est pas même nécessaire de savoir le nom, plaise tant à ces lecteurs (1).

Quelques idées des lignes et des surfaces habitueront nos élèves à raisonner seuls, et alors on pourra enseigner à ceux qui se destinent à rester

(1) L'inspection du catalogue d'un cabinet littéraire fréquenté par un régiment qui marche déjà dans ces voies d'amélioration proposées vient à l'appui de ce que j'avance: au lieu de tous les titres possibles de roman, on y voit inscrits des histoires, des voyages, que les sous-officiers louent aujourd'hui de préférence.

au service les premiers éléments de la fortification passagère, et la nomenclature au moins d'un système permanent. Il est des corps dans l'armée où l'on a parlé de redoutes, de bastions, à des gens qui ne comprenaient pas ce que c'est qu'un angle. Ils apprenaient des mots, rien de plus. Les mots suffisent pour un examen brillant devant un général; ils ne signifient rien pour celui qui les dit et ne les comprend pas. Nos élèves seront donc familiarisés en connaissance de cause avec des noms que plus tard ils retrouveront sans cesse dans des relations de siéges ou de batailles, et que, comme tant d'autres, ils liraient aussi sans les comprendre.

Combien de militaires ignorent les noms des différentes parties des places qu'ils ont attaquées ou défendues! et dans les choses de détail, combien de préjugés l'habitude du soldat n'a-t-elle pas enracinés! Le soldat est persuadé que son fusil pèse quinze livres. Il ignore et ignorera, plus avancé en grade, les portées des différentes armes; il ne pourra juger ni de l'effet qu'il aura à craindre, ni de celui qu'il pourrait produire. Ne serait-il pas utile d'extraire toutes ces connaissances d'un cours d'artillerie et de les soumettre à nos futurs officiers?

Ainsi l'instruction, bornée à ces premiers éléments, mettrait ceux qui doivent devenir officiers à même de suivre plus utilement leurs études. Ceux qui quitteront le service n'auront rien acquis de trop, et l'usage de la vie leur prouvera tous les jours l'utilité de ce qu'ils auront appris.

Sans distraire les officiers instructeurs du service proprement dit, de celui qui retomberait sur leurs camarades (il y a déjà trop de légitimes excuses), sans doute on devrait les dispenser de certains détails journaliers, ce qui ne nuirait en rien au service en général.

Toute peine inutile, tout ce qui ne fait rien voir en perspective de préférable au présent, devient routine et métier : il faut surtout l'éviter. Je crois donc que la présence au corps, l'assiduité à tous les genres d'instruction, sont des titres à l'avancement de faveur en temps de paix. Par ce moyen, les officiers instructeurs se verront récompensés de leurs peines, et ceux qui ont d'autres titres à faire valoir attendront que l'occasion se présente aussi pour eux. Celui qui fait plus que les autres doit obtenir plus que les autres. Le tour du choix sera alors moins chanceux qu'il ne l'est aujourd'hui.

L'instructeur chargé des deux premières années, aidé par un de ses camarades, qui le remplacera au besoin, pourra suffire pour la première classe. Un second officier peut facilement enseigner l'arithmétique, la géométrie, et ce qu'il est nécessaire de fortification ; un troisième, la géographie et l'histoire ; un quatrième, la grammaire; et un ou deux suppléants pris parmi les jeunes gens nouvellement promus seront aussi peu à peu mis au fait d'un emploi qu'ils devront occuper à leur tour.

Dans chaque corps, selon les localités, selon les saisons, les colonels indiqueront les heures pendant lesquelles tout autre exercice ne pourra distraire les élèves des trois classes. Qui empêchera, plus tard, de dispenser quelquefois des manœuvres, des corvées, les élèves des deuxième et troisième classes? Ces jours de repos obtenus par l'étude, cette faveur ne nuira en rien à la *perfection du port d'armes*, et les élèves verront avec plaisir que l'on gagne quelque chose même en cherchant à s'instruire.

Deux salles de plus que pour l'enseignement mutuel ne sont pas difficiles à trouver dans les casernes, du moment qu'on le voudra. La moindre cantinière y trouve sa place : le maître d'école peut bien réclamer la sienne. Que les salles soient toujours ouvertes, que chacun puisse y aller travailler à ses heures de loisir, que le sous-officier de service veille à la conservation des effets qui feront partie du casernement et ne seront plus transportés de garnison en garnison, puisque tous les régiments se succéderont avec les mêmes besoins; et on pourra facilement, avec d'autres mesures d'ordre et de détail ordonnées dans chaque corps, diriger l'exécution d'un objet aussi important.

Les fournitures de papier, plumes, encre, à raison de tant par homme; quelques ouvrages élémentaires, en petit nombre, tels que diction-naires, géographies, etc., seront consignés en plusieurs exemplaires au sous-officier de service; et les élèves à qui la dictée, la leçon orale, n'auront point suffi, pourront recourir à la source où l'officier instructeur aura puisé ses leçons.

Telles sont en masse les mesures qui pourraient être adoptées, en laissant à chaque chef de corps le soin particulier des détails. En appliquant seulement aux dépenses indispensables la partie des dépenses semblables dans une école de sous-officiers, on aurait non seulement obtenu l'économie de tous les traitements, d'établissements, d'état-major, de professeurs, etc., mais encore on aurait étendu le bienfait à un plus grand nombre d'individus. En publiant les meilleures méthodes, en encourageant et récompensant les succès réels, on obtiendrait, n'en doutons pas, des résultats satisfaisants.

Le plan mal ébauché que nous avons tracé sffit pour faire voir qu'il n'est pas impossible de le mettre à exécution, et qu'il faudrait seulement vouloir. Puisse l'expérience confirmer nos souhaits!

DE L'ÉCOLE MILITAIRE.

Nécessité d'une école spéciale. — Admission illimitée. — Examens. — Économies possibles. — Régime intérieur. — Résultats probables.

Nous avons facilement démontré l'urgence de l'instruction à répandre dans l'armée, sans cependant entrer dans une foule de détails pénibles, que nous tous, placés dans des grades inférieurs, ne sentons malheureusement que trop ; il est naturel de nous occuper maintenant de l'instruction plus soignée que doivent avoir ceux des défenseurs de la patrie qui sont appelés à commander aux antres. Nous voulons parler des élèves de l'école militaire de Saint-Cyr.

Une discussion a eu lieu à la chambre au sujet d'un million alloué à cette partie du budget de la guerre. Quelques membres de l'illustre assemblée, entraînés sans doute par le désir de réduire les dépenses partout où ils croyaient une réduction possible, ont déclamé, pour ainsi dire, contre les écoles en principe, en ont contesté l'utilité, et, n'en connaissant pas les détails, ont voulu insinuer la suppression d'une dépense qui ne leur semblait faite par tous qu'au profit de quelques uns. Nous ne reviendrons pas sur la nécessité des écoles : elle est démontrée par l'expérience et par leur existence, consacrée ou établie chez toutes les nations qui veulent donner à leur constitution militaire la force et la solidité incompatibles avec l'ignorance des principes de l'art, principes qu'il faut enfin apprendre à connaître. Seulement, placé dans la hiérarchie militaire assez bas pour voir de près les abus, nous risquerons quelques observations qui, discutées par des chefs qui voudront voir et entendre la vérité, ne seront peut-être pas inutiles au bien de l'école, sous le rapport de l'instruction, et qui, admettant une partie des principes développés, prouveront au moins l'intention de dire et de rechercher la vérité.

Un million est consacré aux écoles militaires. Je ne dirai rien de l'École polytechnique, ni de celles qui en dépendent. Elles sont placées trop haut dans la considération européenne, pour être attaquées ou défendues. Je ne parlerai que de Saint-Cyr, pépinière qui doit fournir à l'infanterie, à la cavalerie, et à l'état-major de l'armée.

Dans cette école, on doit en deux ans de travail et d'études acquérir des connaissances ou au moins des notions qui puissent être utiles un jour ; on doit y réunir les matériaux qui, mis en ordre, rendront un officier distingué, et le mettront à même de juger de son métier en connaissance de cause, ou de rendre de grands services.

Il est donc nécessaire que les études y soient fortes et solides, que la faveur ne fasse pas accorder les entrées, encore moins les sorties; il est nécessaire que chacun soit jugé et traité selon ses œuvres.

Je ne doute pas que les intentions ne soient telles aujourd'hui; mais les abus se glissent facilement là où tant de gens ont intérêt à les faire entrer, et où si peu ont la force de les repousser ou le courage de les publier. Cela devient de plus en plus difficile dans l'état actuel. Le nombre des candidats pour entrer par concours diminuant tous les ans, les examens sont nécessairement moins rigoureux. Que conclure de cette progression décroissante, sinon que le goût des armes se perd en France pendant la paix, malgré tout ce qu'on peut en dire, lorsque la vérité n'attire aucune faveur à son interprète fidèle. Mais si le métier de soldat effraie tant, pourquoi les familles reculent-elles ainsi devant un moyen de faire parvenir promptement leurs enfants au grade d'officier? C'est que les parents qui jouissent de cette fortune moyenne qui a besoin d'être augmentée par l'industrie pour suffire aux besoins toujours croissants, ne sont plus jaloux de faire les sacrifices qu'imposent une pension de 1500 francs par an et un trousseau de 800 francs, sans compter les voyages, pour donner à un de leurs fils un état où il n'y a rien à gagner. On fournit un remplaçant quand le jour du tirage arrive. Insensiblement les fils de militaires pensionnés par le gouvernement et les fils de famille deviennent les seuls concurrents pour l'école. Les premiers ont presque toutes les places gratuites, les seconds celles payantes, du moins en principe : car nous avons tous connu tels et tels élèves à l'école, dont les places étaient à la charge de l'état, tandis que leurs parents, généraux ou administrateurs, jouissaient de plus que de l'aisance. Moins il y a de sujets au concours, plus est grande la facilité d'être admis ; moins on travaille pour cela, et plus est grande la certitude de sortir au bout de deux ans, quelles que soient la conduite et l'instruction.

Pour rendre les études plus fortes, il faut donc augmenter d'abord le nombre des concurrents, et, pour cela, mettre autant que possible tout le monde dans le cas d'entrer à l'école. On se révolterait à l'idée de l'ouvrir seulement à une classe privilégiée par ses titres, et on ne l'ouvre qu'à celle privilégiée par sa richesse : n'est-ce pas tomber d'un abus dans un autre? Pourquoi le privilége de l'argent l'emporterait-il sur celui de la naissance? Si l'école n'était, pour ainsi dire, pas fermée à ceux qui ne peuvent payer, on verrait se présenter beaucoup de jeunes gens de la classe aisée, qui se retirent des concours, et craignent même de s'y présenter, faute de moyens pécuniaires. Si le prix de la pension était diminué, si 2000 francs, en y comprenant le trousseau, suffisaient, beaucoup de parents dont les fils pourraient subir des examens préféreraient ce moyen à celui d'un remplaçant(1), et, en facilitant les avenues d'une carrière, tandis que toutes sont envahies, on obtiendrait, n'en doutons pas, assez de concurrents pour que les élèves admis, sachant qu'on n'a pas besoin d'eux pour occuper des places à la fin de l'année, sachant que derrière eux il y a mille jeunes gens qui aspirent à les remplacer, travaillent pour être plus que sûrs de sortir, et ne traitent pas aussi légèrement qu'on le fait, et comme superflu, tout ce qui n'est pas le maniement du fusil ou du sabre.

MM. les directeurs des études de Saint-Cyr et MM. les examinateurs peuvent attester la généralité de ce fait, que les élèves de bonne foi avoueront eux-mêmes.

Si l'on ne doit à une école spéciale apprendre que l'exercice, un régiment serait préférable; mais telles ne sont pas les intentions du fondateur. Pourquoi cette vérité n'est-elle pas si bien démontrée aux yeux des chefs d'un établissement aussi utile, qu'on ne voie jamais laisser enlever sans regret aux manœuvres un moment pour être consacré aux études. Dans les régiments, les élèves malheureusement n'étudieront plus; ils ne

(1) Ils coûtent, terme moyen, 1,500 fr. Voilà pourquoi, partant de cette évaluation, le prix de deux ans de pension peut être fixé à 2,000 fr.

manœuvreront que trop. Des places gratuites sont données tous les ans. En accordant, avec une dispense d'âge nécessaire, beaucoup de ces places aux élèves les plus distingués des écoles régimentaires, ne donnerait-on pas ainsi un puissant moyen d'émulation aux chefs de corps, pour ces écoles dont l'existence nous semble si nécessaire? Et combien de jeunes gens ne seraient pas si effrayés d'entrer simples soldats au service, si, ayant quelques connaissances, ils savaient qu'après un court séjour dans un régiment, ils pourront réparer le temps perdu, en être tirés par leur mérite, et, passant par Saint-Cyr, sans être à charge à leurs parents, devenir promptement officiers, en perfectionnant leur éducation! Voilà un débouché ouvert dans un état où tout le monde se plaint de ne pas en voir; débouché ouvert à tous, et par cela même d'autant plus juste et digne d'être examiné avec attention. Ainsi les plus aptes dans nos régiments iront à l'école de Saint-Cyr se former sous des maîtres plus relevés que ceux de l'école de famille, et les moins intelligents, ou ceux, plus avancés en âge, qui n'ont que la bonne volonté pour eux, n'en acquerront pas moins, avec des droits à l'avancement, ce qu'il devient de plus en plus indispensable de savoir pour vivre avec ses égaux. La classe des sous-officiers et soldats aura donc ainsi réellement deux débouchés, les places données au corps, et les places à Saint-Cyr. Par ce moyen on pourra porter à deux cents au moins le nombre annuel des entrées et des sorties à l'école militaire.

Mais, en diminuant le prix de la pension, en multipliant les entrées gratuites, on va trouver, sans doute, une grande augmentation de dépenses. Seulement, avant de chercher le moyen d'y faire face, qu'il soit permis d'observer que tout le monde sera réellement appelé à en profiter, puisque le dernier soldat pourra concourir, qu'on lui en donnera les moyens, et que, par conséquent, faite dans un intérêt plus général, cette dépense serait plus supportable. Cependant plusieurs moyens se présentent de diminuer les charges de ce chapitre que l'on a trouvé si effrayant au budget. D'abord la suppression de l'école de la Flèche, véritable collége décoré du titre d'école militaire, où l'on fait simplement ses études en frac uniforme, et où le tambour remplace la cloche. Tous les élèves pensionnaires du gouvernement pourraient être répartis dans les différents colléges royaux. La bourse y est, terme moyen, de 800 francs; elle est à la Flèche de 1000: on aurait donc réellement d'économie la différence du total des bourses payées à des colléges royaux au total payé à la Flèche, plus les appointements de l'état-major et de tout le train militaire qui n'est là que pour la forme, et pour ainsi dire par tradition.

Les examinateurs qui maintenant parcourent la France, au lieu de deux cents candidats, en interrogeraient six cents dans les colléges ou dans les régiments, cela sans augmentation de dépenses; leurs indemnités sont suffisantes pour ne pas être augmentées. Je ne suppose pas que l'on veuille défendre l'existence de l'école de la Flèche sous le rapport de l'instruction universitaire. Pourquoi imputer au ministère de la guerre, et à un chapitre contesté, un établissement qui ne lui est d'aucune utilité ? Sous le rapport de l'instruction spécialement militaire, la lecture du programme des études suffit pour toute réponse.

Sans prétendre m'élever contre rien de ce qui existe, il me semble encore que le régime intérieur de Saint-Cyr pourrait être modifié, de manière à ce que la dépense bien distribuée fût réellement profitable à un plus grand nombre d'élèves, ainsi que nous l'avons proposé.

Le nombre des officiers employés à l'école militaire n'est pas en rapport avec celui des élèves. parce qu'un bataillon d'infanterie compte huit capitaines, le bataillon de Saint-Cyr a ses huit capitaines; mais il suffit d'avoir passé par l'école militaire pour savoir que la moitié suffirait et au-delà. Le grade de chef de bataillon y est inutile, et il y en a deux; et de plus les nombreux adjudants qui y cherchent un échelon pour leur avancement serviraient plus utilement employés chacun dans leurs régiments qu'occupés aux minutieux détails de l'école (1). Puisque des grades sont donnés aux élèves, en les rendant respectables aux yeux de leurs camarades, leur police vaudra bien celle de sous-officiers dont ils sont à la veille tous les jours de devenir les supérieurs.

Toutes ces places pourraient être supprimées. Elles sont, il est vrai, des retraites pour les uns, des emplois plus avantageux pour d'autres; mais alors, que le fonds des retraites y pourvoie, et que l'armée emploie les officiers pleins de mérite que l'on en a distraits, et que l'on n'impute point à la charge d'une école ce qui n'est nullement nécessaire à son existence. On voit que la suppression de quatre capitaines, de deux chefs de bataillon, et de la moitié des adjudants, produirait une économie notable, sans nuire à l'organisation militaire de l'école, le colonel commandant, en l'absence du général, pouvant très bien correspondre directement avec les capitaines pour tout ce qui est police et discipline. On sait que, quant à l'instruction des manœuvres, les élèves eux-mêmes sont instructeurs, qu'ils n'ont besoin que d'être surveillés : pourquoi compliquer la simplicité de cette espèce d'enseignement mutuel en

---

(1) Tous ceux qui ont habité Saint-Cyr savent à quelles occupations sont souvent appliqués des sous-officiers portant l'épaulette. Ces Messieurs le diraient, s'ils l'osaient; mais il faut avancer.

le surchargeant de moniteurs dispendieux et inutiles?

Je me trouve ici forcé de dire quelques mots du régime intérieur de cette école, puisque, supprimant une partie des ressorts qui, dans l'état actuel, font partie de son ensemble, il serait impossible que l'équilibre fût maintenu. Le nombre des surveillants est trop grand, parce que les élèves sont tenus dans une gêne trop étroite; qu'on leur ouvre les portes. Cet avis est peut-être hasardé, et je n'oserais l'avancer si des autorités respectables n'étaient prêtes à m'appuyer. On craint les inconvénients inséparables de la liberté accordée aux élèves? Quoi! on les prépare à commander à des hommes, et, à la veille d'être officiers, ils étaient moins libres que des soldats, ils étaient collégiens? Ceci vaut la peine d'y réfléchir.

Les élèves de l'école polytechnique ont le même âge; ils vivent dans Paris au milieu de toutes les tentations, de tous les dangers; cependant ils travaillent plus qu'on ne le fait à Saint-Cyr, ils subissent des examens rigoureux. Pourquoi, à l'Ecole militaire, ne serait-on pas appelé à jouir de la même liberté? cela rendrait facile la suppresion de tous les surveillants qui assiégent partout les élèves, et dont le service ne pourrait réellement pas être fait par le petit nombre que nous croyons nécessaire de conserver. En rendant moins longues les heures de contrainte, on aurait moins à craindre les abus de la licence. Que l'on reporte son attention sur la composition des jeunes gens entrés à l'école avec un système plus large d'admission : plus d'élèves sortis d'une école préparatoire, où ils ont été tenus comme dans un couvent; une foule de jeunes gens qui auraient déjà fait partie des régiments, et des élèves de colléges qui au moins auraient entrevu la société, dont on ne voudrait pas les retirer, pour les y relancer ensuite tout d'un coup. D'ailleurs, la privation de cette sage liberté, comme punition des fautes commises, les examens rigoureux, la crainte de voir perdre le fruit de deux ans de travaux, seront bien des freins aux petites passions dont on parle tant. En réfléchissant sur leurs intérêts, les élèves apprendront à les bien connaître ; ils apprendront à se conduire seuls. Il faut donc absolument traiter en hommes ceux à qui des hommes vont bientôt obéir.

En admettant la rigueur des examens et surtout l'impartialité des numéros de sortie, et la toute-puissance du commandant de l'école, on trouvera aussi facilement des économies possibles sur la partie de l'instruction. Quelques professeurs paraissent être en trop grand nombre à l'école militaire, surtout quand il y a autant de répétiteurs ; en supprimant une partie des uns ou des autres, on obtiendrait encore une diminution, et les élèves, forcés de travailler, parce qu'ils en sentiraient la nécessité, n'auraient pas autant besoin qu'aujourd'hui que les moindres détails de l'instruction leur fussent continuellement répétés. Beaucoup de professeurs à Saint-Cyr accepteraient volontiers leur retraite, que de longs services leur ont au moins bien acquise; il est inutile de remplacer à mesure les vacances, surtout quand les choix sont si souvent au-dessous d'une école qui doit être la pépinière de l'élite des officiers de la France.

Mais si les influences sociales, si les habitudes, si les considérations particulières, sontpour quelque chose dans le régime intérieur, le zèle et l'émulation si désirés disparaîtront; aussi croyons-nous qu'un conseil de discipline, dont tous les membres pourraient rejeter les uns sur les autres la rigueur des mesures jugées nécessaires, verrait se briser devant lui les sollicitations et les plaintes particulières, si naturelles, si puissantes, quand un intérêt est sacrifié à l'intérêt de tous, et qu'une mère n'a qu'un juge à fléchir.

Une autre économie dans le personnel de Saint-Cyr se présente, si l'on veut y réfléchir sans haine, sans crainte, et que l'on soit vraiment ami de la vérité. Trois aumôniers sont attachés à l'établissement! Quand des desservants peu nombreux, disséminés dans nos campagnes, ont à instruire des enfants, à consoler des malades, quand un seul aumônier suffit à un régiment de quinze cents hommes, trois gros bénéfices sont dévolus pour entretenir dans les devoirs de la religion trois cents jeunes gens, qui tous ont dû recevoir une éducation chrétienne, et qui n'ont besoin que d'être soutenus.

Je laisse ce chapitre à méditer à qui de droit: il est trop délicat pour s'y arrêter davantage.

Les dépenses administratives de l'école peuvent être diminuées. Du moment que les pensionnaires paieront moins, ils auront droit de moins exiger, et le régime un peu moins doux ne coûtera réellement pas à l'état plus qu'il n'est absolument nécessaire. Sans s'arrêter à plusieurs objets de détails, nous ne parlerons que de l'habillement. Trois habits sont accordés en deux ans à chaque élève, deux ne suffiraient-ils pas? En général, sans bannir ce qu'il faut pour avoir une tenue soignée, même élégante, il semble qu'il y aurait à modifier beaucoup; et ces diminutions sur le régime intérieur seraient bien plus notables, si l'on admettait la translation de l'école à la Flèche.

Nous avons vu que la suppression de l'école actuelle laisserait vacant un vaste local, Saint-Cyr pourrait y être transféré. Les appointements que l'on donne aux professeurs civils sont assez forts pour les engager à se déplacer. Les militaires vont partout. La ville est au centre de la France. La beauté des bâtiments, les grands emplacements destinés aux exercices, l'éloignement des influences de la capitale, le souvenir du fondateur de cette maison royale (1), tout semble devoir faire préférer cette ville, comme séjour d'une école militaire, surtout si le système de plus grande liberté était accordé aux élèves.

Il y aurait dans cette ville une grande économie sous le rapport du prix des denrées et des gages des gens attachés à l'établissement.

Peut-être trouverait-on encore un emploi avantageux dans la destination ou l'aliénation des vastes bâtiments de Saint-Cyr.

Nous avons dû entrer dans quelques détails au sujet de l'école militaire, parce que sans doute les dépenses qu'elle occasione seront encore attaquées, et nous croyons que tout ce que nous en avons dit ne peut qu'être favorable à son existence. L'institution ainsi dégagée des abus nous parait inattaquable. Comment en effet s'opposer à l'existence d'un établissement dont l'entrée sera ouverte à tous, et facilitée même à ceux qui en sont exclus aujourd'hui? Comment, si l'on a le mieux pour but, se refuser à chercher de l'obtenir, ainsi que nous croyons en avoir indiqué la possibilité. Par le moyen d'une école spéciale, combinée dans son existence avec les écoles régimentaires, nos corps se recruteront de plus en plus de

(1) Henri IV.

sujets distingués qui auront commencé à s'y former, et qui auront été développer à Saint-Cyr les germes qu'ils auront reçus de la nature. L'émulation, puissant aiguillon chez la jeunesse, aura été mise en action : les résultats ne peuvent être qu'avantageux. Soit que l'école d'état-major subsiste toujours, soit qu'on la supprime, le corps royal se ressentira du bienfait de l'instruction plus généralement répandue dans l'armée, puisque les études devenues plus fortes à Saint-Cyr mettront l'école de Paris dans le cas d'étendre davantage le cercle des connaissances que l'on doit y acquérir. Si cette école était supprimée, si, comme il se pratique dans quelques armées étrangères, des examens subis par des officiers de toutes les armées les faisaient admettre dans le corps royal, ils le rendraient par cela même un but d'ambition et plus un sujet de jalousie. L'entretien continuel des connaissances acquises, les développements obtenus par suite de l'enseignement régimentaire et du travail, assureront aux officiers-généraux des aides-de-camp, des officiers capables de leur être vraiment utiles dans leurs différents rapports avec les troupes sous leurs ordres. Nous ne parlerons pas davantage de l'état-major: cette question sort de notre cadre. Qu'il soit permis d'ajouter que si ceux dont on a éclairé l'intelligence et dirigé les travaux doivent en recueillir les fruits, ce ne serait pas un faible motif d'encouragement pour les officiers qui se destinent à former des sujets distingués à l'armée, que de voir aussi retomber sur eux quelques unes des faveurs obtenues par leurs élèves, plus disposés par cela même, pendant leur séjour à l'école, à écouter les conseils autant que les leçons de personnes auxquelles ils verraient accorder de si justes récompenses. Malheureusement il n'en est pas ainsi, et l'oubli semble s'attacher à ce genre de service.

En cherchant toujours à créer des avantages pour tous, des priviléges pour personne, nous croyons avoir répondu d'avance à bien des objections. L'utile est notre but, et l'utilité de l'instruction nous semble assez prouvée. Ce serait alors parmi nous un sujet d'orgueil, si, malgré le peu de ressources que l'état peut accorder aux grades inférieurs de l'armée, nous parvenions à les élever au-dessus de ce qu'il est à craindre qu'ils ne deviennent, et à obtenir la considération générale que nous désirons.

Quelques changements que, d'après les décisions du Conseil supérieur de la guerre, le Roi voudra adopter dans l'armée, quels que soient les modes de recrutement, d'avancement, de retraites, quelles que soient mêmes les augmentations que l'on pourrait accorder au service actif, tout ce que nous avons dit est indépendant des hautes mesures résultantes de modifications à l'organisation militaire. Nous croyons pouvoir livrer notre opinion à nos compagnons d'armes, et, au moment où l'on doit s'occuper, dit-on, d'améliorations en ce genre, on ne lira peut-être pas sans intérêt ces lignes écrites sous l'influence d'un état de choses affligeant, et qui menace de le devenir davantage.

La nécessité d'instruire dans l'armée tous ceux qui voudront en recevoir le bienfait est désormais bien établie. Si, par des moyens simples, on peut parvenir à faire quelque chose dans ce genre dans les régiments, on ouvrira ainsi de nouveaux débouchés aux jeunes gens qui se sentent quelque capacité. Puisque les élèves et les maîtres auront la perspective d'un avancement presque certain, pour recompense de leurs travaux, on aura atteint un but bien désirable; on aura réveillé l'ardeur d'une partie des individus, en cherchant à faire briller la masse. Mais tous ne sont pas animés d'une si noble ambition, et il ne sera pas hors de propos de dire ici quelques mots de l'esprit qui dirige l'armée dans l'accomplissement de ses devoirs. La matière est délicate à traiter, et les intentions de celui qui écrit peuvent être mal interprétées, je le sais. Ce ne serait pas la première fois qu'en voulant dire la vérité, on passerait pour ne publier que l'erreur; mais, quels ont été jusque aujourd'hui presque tous nos interprètes? Je n'ai pas besoin d'écrire ma réponse; ou bien nos positions, dénaturées par l'esprit de parti, ont été envisagées sous des points de vue faux et mal choisis.

On a beaucoup et souvent parlé de dévouement, de reconnaissance, de zèle et d'amour du service, en s'occupant de l'armée. Sans doute l'armée est dévouée à ses devoirs, et elle les connaît : on a tout dit, pour tout obtenir. C'est l'ordinaire : le le soldat au champ de bataille et dans sa caserne n'est qu'un échelon dont on se sert (1). Mais quand l'époque de la liberté approche, quand viennent les faits, où sont les rengagements ?

Oui, l'armée serait au besoin, pleine d'ardeur et de zèle pour la défense de la patrie. En frappant la terre du pied, nos frontières se couvriraient de soldats; l'armée répondrait à l'appel du Roi et de la France; mais, dans l'état actuel, au milieu des villes, dans le calme de la paix, sert-on avec plaisir? Non. Que l'on ne croie pas que l'ambition trompée soit en grande partie cause du dégoût pour le service. Tous nos soldats ne sont pas ambitieux, tant s'en faut : en les in-

(1) Combien de fois la raison, la justice, sont comptées pour rien de leur côté, s'il peut être, sinon dangereux, au moins difficile de les faire valoir, ou que cela ne convienne pas aux intérêts privés. Gloire à celui qui voit son honneur compromis dans celui du dernier de ses soldats, et qui, malgré toutes les hautes influences et les considérations sociales, le défend et le soutient comme le sien propre! celui-là est le véritable chef de corps!

terrogeant dans les compagnies, on peut bien s'en convaincre. Mais tous nos soldats aiment leur bien-être, tous nos soldats connaissent le prix des jouissances qui leur sont interdites. Les liens qui les attachent, tout dorés qu'ils sont, n'en sont pas moins lourds ; et, comme le loup de la fable, ils préféreraient être un peu plus maigres, et courir à leur aise. On a beaucoup cherché quels seraient les moyens de les retenir au service. On pense qu'en améliorant leur avenir on y parviendrait sans doute : mais en rendant le service moins fastidieux, on y parviendrait peut-être plus facilement encore. La jouissance du présent est beaucoup pour l'homme, et l'espoir d'un meilleur avenir n'agit qu'autant que l'on réfléchit davantage. Est-ce donc par l'espérance que l'on peut ranimer un zèle éteint, que l'on peut vaincre une répugnance? Pour quelques-uns, oui, mais pour la masse, je crois que l'amélioration du présent agirait plus efficacement encore. L'ouvrier amasse-t-il le fruit de ses travaux de la semaine. En général, le dimanche les lui voit dissiper. Il vit, il souffre, il veut jouir. Il en est de même du soldat. Combien de privations nous lui ménageons au contraire, et quels sont ses plaisirs ? Si l'état de gêne est plus fatigant pour lui que les jouissances ne sont vives, il voudra naturellement changer, c'est ce qui arrive.

De combien ne surcharge-t-on pas pour le soldat la fatigue de la garde ? Combien de places fortes, de villes ouvertes même, sont remplies de factionnaires inutiles, encombrées de corps-de-garde de luxe, là où il n'y a pas un ennemi à craindre, ni troubles à prévenir. Mais tout le monde prétend au factionnaire à sa porte, et personne ne veut céder les honneurs d'une guérite. Qu'en résulte-t-il? les gardes se multiplient à cause du petit nombre d'hommes disponibles, et le soldat souffre, sans se plaindre, il est vrai : il a le sentiment de son devoir. Le nombre des hommes disponibles diminuerait à mesure que les élèves augmenteraient. Ce luxe de précautions inutiles ne pourrait même se concilier avec l'existence de nos écoles régimentaires, et leur nuirait complètement. C'est un abus, il faut le signaler, n'y aurait-il que cette raison.

Les manœuvres des camps, les exercices faits sur une échelle un peu large, sont de la plus grande utilité pour tous. Le soldat le sent bien ; mais il ne voit pas avec la même indifférence arriver le printemps dans les garnisons. Alors le détail recommence, le dégoût augmente. Quel plaisir en effet peut-il prendre à une chose qui, quelque bien qu'elle soit faite, doit être faite et refaite encore, et sera refaite toujours. Il en est cependant ainsi de cette partie des exercices que tous les ans ils sont obligés de recommencer. Avec quelle répugnance ils reprennent toute leur instruction, et quelle disproportion il y a du temps si long que l'on doit y donner, à quelques jours peut-être nécessaires, et qui, consacrés avec zèle, suffiraient pour se remettre du repos de l'hiver, si l'on peut oublier un exercice du corps dont tous les jours les instruments sont dans nos mains: mais remettre au pas, au port d'armes, à la position pendant des semaines, pendant des mois, les mêmes hommes qui, à la dernière revue, quelques jours auparavant peut-être, ont attiré à leurs chefs les éloges des généraux; qui ont mérité l'approbation des princes, du Roi lui-même, pour la précision et l'ensemble des manœuvres; c'est aller contre ce qu'on leur a dit la veille! Ils sentent bien qu'ils n'ont pas tout oublié en si peu de temps, parce que la routine le veut: on le leur fait faire; ils le font! Véritable tonneau des Danaïdes, que l'on cherche inutilement à remplir, et qui ne se comble jamais, ce genre de reprise d'exercices est dans l'état actuel, et porté à l'excès, une des causes des ennuis de nos soldats. Ils font mal, et sont punis; ils se dégoûtent. Les officiers eux-mêmes y portent-ils tout leur zèle? A quoi sert de faire bien de suite, si l'on n'y gagne rien. On fait mollement, et c'est ce qui arrive. La monotonie dans l'existence n'est supportable que quand elle est naturelle: elle devient fatigante si elle vous est imposée.

Il faut peu de chose pour retenir un soldat au service, et peu de chose pour le dégoûter. Un moment suffirait pour le faire rengager, s'il trouvait assez de plaisir pour compenser ses peines. Mais comment resterait-il, si jamais il ne peut penser qu'avec regret à la moindre liberté qui lui est interdite. Il ne la voit pas augmenter avec les années de service, s'il reste soldat ou avec la progression de son avancement, si sa capacité lui en fait obtenir.

Un manœuvre travaille toute une semaine, il se fatigue beaucoup ; mais il a un dimanche à lui, mais il peut se reposer encore le lundi ; pour lui, le repos vient après la fatigue : sa vie est variée. Celle du soldat est uniforme dans sa contrainte : toujours les mêmes appels, souvent redoublés les jours de fêtes, selon l'usage de plusieurs régiments, pour éviter, dit-on, les désordres. Quelle fête que celle où les liens se resserrent !

Un certain nombre de permissions, nombre bien limité, était accordé ; on les retire, ou on les restreint hors de mesure. La faute d'un seul retombe sur tous. La crainte de la punition fait arriver à l'heure : pour le devoir on quitte tout ; mais le jour du congé arrive, l'amour de la liberté se montre, et le soldat redevient citoyen. Beaucoup savent qu'ils ne seront pas aussi bien habillés, ni aussi bien logés ou nourris dans leurs familles ; mais ils auront autre chose.

Loin de moi l'idée d'affaiblir la discipline dans les corps, en parlant des punitions militaires.

Seulement je demanderai si le conscrit, à la lecture du Code pénal dans sa chambrée, peut être bien gai, en entendant chaque phrase finir par ce terrible mot, la Mort! On l'effraie d'abord, on le fatigue ensuite, et on prétend le retenir. Non, il retourne près du foyer paternel, ou bien il cherche fortune ailleurs.

Un plus grand nombre de sémestres accordés aux soldats en encouragerait peut-être beaucoup à passer quelques années de plus au service. Cette question rentrerait dans celle de laisser une partie de l'armée constamment dans ses foyers. Seulement, si, lorsque des besoins de famille, lorsqu'une maladie, une fête, appellent un soldat chez ses parents, il pouvait avoir, quoique ce ne fût pas le temps obligé des semestres, et sans les mille retards occasionés par les formalités indispensables, s'il pouvait avoir, dis-je, ces moments de repos qu'il réclame, peut-être hésiterait-il moins à sacrifier sa liberté, certain de l'obtenir au jour du besoin, et de pouvoir, sans courir les chances d'une désertion, s'occuper de ses devoirs ou de ses intérêts civils (1).

Telles sont, selon nous, une partie des causes

(1) Dans le corps de la gendarmerie, le militaire qui, ayant satisfait à la loi de recrutement, continue de servir volontairement, peut quitter son corps et se retirer lorsqu'il ne doit rien à sa masse.

qui, moins apparentes peut-être, fatiguent plus que tout autre chose nos soldats au service, et leur font attendre avec tant d'impatience le jour de leur congé. Il faut être dans l'intérieur d'une compagnie, accompagner les troupes à l'exercice, les entendre dans leurs conversations, comme nous, pour savoir comment est attendu, comment est désiré ce jour heureux. Six mois, souvent un an à l'avance, les gardes, les corvées, les exercices sont comptés, et, si l'on ne savait tous les soins que l'on prend d'eux dans les corps, soins peut-être trop minutieux, on croirait volontiers que la faim, la misère, les mauvais traitements ont pu seuls causer un tel dégoût. Mais non, ils veulent autre chose, et tous les jours on les prive de plus en plus.

Ils partent, et les traditions se perdent, et l'esprit de corps est détruit. Depuis l'époque désastreuse où une mesure commandée par la nécessité fit licencier les vieilles bandes qui vingt ans avaient fait trembler l'Europe, l'esprit de corps a disparu. Alors on voyait encore des chefs commander à des régiments où ils avaient porté le sac et le fusil. Quoique divisées quelquefois, soit pour reformer les cadres, soit pour envoyer à des corps d'élite une portion de leurs combattants, les demi-brigades, devenues régiments, avaient toujours vu leur drapeau, attaché à la même lance, les conduire à la victoire, ou les rallier après un revers. L'enfant de troupe en naissant, le conscrit mal instruit, le jeune officier arrivant des écoles, devaient apprendre d'abord l'histoire de la grande famille : pour eux, tout était là. Là se formaient des affections qui devaient durer autant que la vie. Il est si doux de trouver toujours le même compagnon de plaisirs et de peines, de désastres ou de triomphes. Viellissant ensemble autour du même tronc, les vétérans apprenaient aux jeunes gens à s'aimer et à combattre ; l'honneur de l'un devenait l'honneur de tous, et la gloire, seul héritage qu'eussent laissé souvent tant de braves morts autour du drapeau, était le lien qui unissait tous les soldats entre eux. Le charme du souvenir était là, donné par le temps. Les souvenirs font le bonheur de la moitié de la vie ! Combien, parmi les soldats peuvent dire qui les commandait il y a quelques années, combien dans peu de temps diront qui les commande aujourd'hui ? véritables lanternes magiques dans lesquelles viennent se montrer tour à tour des chefs de tous les corps, des hommes de tous les départements, nos régiments n'ont rien qui retienne les soldats au service ; ils partent comme ils sont arrivés, indifférents les uns aux autres.

Nous avons parlé des soldats ; les sous-officiers rentrent sous beaucoup de rapports dans cette catégorie : ils sont aussi, sous quelques rapports, liés de bien près à la classe des officiers. Pour ceux qui ont quelque ambition, qui ne voient devant eux qu'un avancement lent et incertain, et abandonnent la carrière, quelques chances de plus seraient un motif puissant pour rester au service. Pour ceux qui vieillissent dans les grades, un avenir, une retraite suffisante, peuvent seuls les retenir. Il est à désirer que l'on s'en occupe sérieusement.

Quant aux officiers, leurs positions dans la société, les divers intérêts personnels, les anciens services, les prétentions, les mérites méconnus, une foule de causes enfin, peuvent influer sur leur plus ou moins d'attachement pour une carrière qui, malgré bien des dégoûts, a encore bien des attraits. Aussi, ne les voit-on pas abandonner les droits acquis, légèrement et par simple caprice. Il est dur de perdre en un jour le fruit, quel qu'il soit, de quinze, dix-huit, ou vingt ans de service; et même on les voit souvent, malgré trente ans, refuser encore leur faible retraite. Seuls restes vivants de tant de camarades morts dans les grandes guerres, quoique les régiments ne soient plus les mêmes, ils y ont retrouvé une famille. La vie oisive les fatiguerait par sa monotonie. Ils ont vécu près d'un drapeau; ils ne le quittent qu'à regret. Mais les observations que l'on pourrait faire sur cette classe si nombreuse de l'armée, qui vit dans les grades subalternes, sont trop délicates. Seulement, j'oserai dire que la vérité, pour être connue, a besoin d'être plus recherchée, plus étudiée parmi nous que parmi les soldats. Trop de sentiments différents peuvent altérer ou arrêter son expression. Nous avons trop à perdre ou trop à gagner. Que celui qui, officier subalterne encore, a vécu une carrière d'officier avec ceux-ci dans les différents grades, qui les a suivis jusques à leur retraite, sans être trop au-dessus d'eux, parle de ce que seul il peut bien connaître, s'il a observé. Est-on placé trop haut dans les grades de l'armée, n'a-t-on séjourné que peu de temps dans les grades inférieurs, on ne sait plus ce que sont dans cette classe les mille petits dégoûts, les mille causes légères qui fatiguent sans cesse : on les croit insignifiantes ; on oublie ce que l'on a éprouvé. Les circonstances, les positions, ont changé ; on ne dit pas ce qui est, mais à peu près ce qui était. Trop jeune encore pour remplir cette tâche si difficile, j'ai pu dire quelques mots d'une école dont j'ai eu l'honneur de faire partie. J'ai pu parler des soldats : j'ai parcouru avec eux un congé. Les mêmes scènes se renouvellent toujours : je les ai vus arriver, demeurer, et partir. J'ai dû chercher s'il n'y aurait pas des moyens de nous replacer aussi haut dans la considération générale que nous pourrions le désirer ; mais en demandant de la considération pour notre état, je suis loin de regretter ce temps où la loi du sabre tenait lieu de la loi de la raison. Non, et malheureusement peut-être, le souvenir de cette époque éloigne de nous, dans quelques parties de la France, cet entraînement, cette confiance, que nous cherchons tous à obtenir. On nous croit divisés d'intérêts et de mœurs ; on ne cherche pas à nous connaître, souvent même on nous évite. Mais je voudrais que dans un siècle où tout tend à l'argent, où le mérite des hommes semble se mesurer au poids de l'or, ou tous les genres d'industrie, tous les arts sont des moyens de fortune, notre noble métier fût dédommagé par la considération des jouissances du luxe qu'il ne peut amener. Je voudrais que, relevés par la main de nos chefs les plus élevés, on nous reconnût à notre dignité vis-à-vis de ceux que le Roi nous donne pour supérieurs, et non pour maîtres. Ne semblent-ils pas souvent oublier qu'ils ont pu ou auraient dû passer par ces grades inférieurs, aujourd'hui traités presque en pitié par eux, à qui il était si facile, à cause des circonstances, de les franchir, tandis qu'il est déjà si pénible pour nous de les atteindre.

Je voudrais toujours que, selon les intentions du prince auguste qui préside à nos destinées, nos seules actions pussent influer sur notre carrière, et qu'on ne pût rien préjuger sur nous tant que notre conduite serait en tout dans la ligne de l'honneur et du devoir.

IMPRIMERIE DE GUIRAUDET, RUE SAINT-HONORÉ, N. 315.

www.ingramcontent.com/pod-product-compliance
Ingram Content Group UK Ltd.
Pitfield, Milton Keynes, MK11 3LW, UK
UKHW032003260826
14628UKWH00005B/2250

9 782014 092752